BEI GRIN MACHT SICH IHR WISSEN BEZAHLT

AF140775

- Wir veröffentlichen Ihre Hausarbeit, Bachelor- und Masterarbeit

- Ihr eigenes eBook und Buch - weltweit in allen wichtigen Shops

- Verdienen Sie an jedem Verkauf

Jetzt bei www.GRIN.com hochladen und kostenlos publizieren

GRIN ☺

Bibliografische Information der Deutschen Nationalbibliothek:

Die Deutsche Bibliothek verzeichnet diese Publikation in der Deutschen National-bibliografie; detaillierte bibliografische Daten sind im Internet über http://dnb.d-nb.de/ abrufbar.

Impressum:

Copyright © 2019 GRIN Verlag
Druck und Bindung: Books on Demand GmbH, Norderstedt Germany
ISBN: 9783668896291

Dieses Buch bei GRIN:

https://www.grin.com/document/457727

Yannic Dengler

Trainingslehre 3. Erstellung eines Trainingsplans für Beweglichkeit und Koordination

GRIN Verlag

GRIN - Your knowledge has value

Der GRIN Verlag publiziert seit 1998 wissenschaftliche Arbeiten von Studenten, Hochschullehrern und anderen Akademikern als eBook und gedrucktes Buch. Die Verlagswebsite www.grin.com ist die ideale Plattform zur Veröffentlichung von Hausarbeiten, Abschlussarbeiten, wissenschaftlichen Aufsätzen, Dissertationen und Fachbüchern.

Besuchen Sie uns im Internet:

http://www.grin.com/

http://www.facebook.com/grincom

http://www.twitter.com/grin_com

Deutsche Hochschule für
Prävention und Gesundheitsmanagement
Hermann Neuberger Sportschule 3
66123 Saarbrücken

Einsendeaufgabe

Fachmodul: Trainingslehre 3

Studiengang: Fitnessökonomie

Datum
Präsenzphase: 05.11.2018 – 07.11.2018

Name, Vorname: Dengler, Yannic

Studienort: **Stuttgart**

Semester: **WS 2016 / 2017**

Inhaltsverzeichnis

1 Personendaten

Tab. 1: Personendaten und allgemeiner Gesundheitszustand

Alter	26 Jahre alt
Geschlecht	Männlich
Körpergröße	182cm
Körpergewicht	80 kg
Berufliche Tätigkeit	Kfz-Mechatroniker, zu gleichen Teilen sitzend, stehend nach vorn gebeugt und stehend über Kopf arbeitend.
Aktuelle sportliche Tätigkeit	Fussball in der Bezirksliga **Leistungsstufe:** Fortgeschritten **Trainingsumfang:** 2 x pro Woche / Krafttraining **Leistungsstufe:** Fortgeschritten **Trainingsumfang:** 2 x pro Woche
Frühere sportliche Tätigkeit	Unregelmäßiges Joggen im Wald auf Anfängerniveau, ca. 2 Einheiten monatlich
Trainingsmotive	Trainingsmotive für die nächsten 6 Monate: - Muskulären Verspannungen an der Oberschenkelrückseite und den Hüftbeugern lösen - Nackenverspannungen reduzieren
Zeitlicher Verfügungsrahmen	2 Einheiten pro Woche, 60 Minuten pro Einheit
Ärztliche Behandlungen	Aktuell keine
Orthopädische Probleme	Keine bekannt
Internistische Probleme	Keine bekannt
Medikamenteneinnahme	Aktuell keine
Sonstige gesundheitliche Einschränkungen	Nicht bekannt

Vermutlich durch die viele Arbeit mit den Armen überkopf, klagt der Proband über Verspannungen im Nackenbereich. Die Kombination aus langjährigem Fussballsport und der Arbeitshaltung, womöglich mit falscher Körperhaltung beim Sitzen und Stehen, könnten die muskulären Verspannungen im Bereich des Beckens und der Oberschenkelrückseite erklären. Da der Proband keine gesundheitlichen Einschränkungen hat und körperlich fit ist, ist dieser, gemessen an seiner körperlichen Leistungsfähigkeit fähig, ein angemessenes Training ohne Einschränkungen zu absolvieren.

2 Beweglichkeitstestung

Tab. 2: Testung des M. pectoralis major

Testübung	M. pectoralis major
Durchführung des Tests (nach Janda, 2000, S. 270)	Der Proband liegt in Rückenlage auf einer Liege und winkelt dabei zur Beckenfixierung die Beine im Knie an. Der zu testende Arm wird im Schultergelenk abduziert, bis er orthogonal zur Körperlängsachse ist, danach wird er durch eine Supination und einer Flexion um 90 Grad im Ellenbogengelenk nach oben gerichtet. Der Testbereich ist die Lage des Oberarms zur horizontalen Position. Wichtig: Der Tester sollte keinen Thoraxdruck ausüben, denselben jedoch sanft in der Ausgangsposition halten, zudem sollte eine Lageänderung des Beckens und der Wirbelsäule vermieden werden, da sonst das Ergebnis verfälscht wird.
Bewertung durch Richtwerte	Stufe 0 = Oberarm erreicht horizontale Position, kein Defizit Stufe 1 = Durch leichten Druck des Testers erreicht der Oberarm die Horizontale, leichtes Defizit Stufe 2 = Selbst durch den Druck des Testers wird die Horizontale nicht erreicht, deutliches Defizit.
Ergebnis	Der Proband erreichte beidseitig die Stufe 0, die Horizontale wurde jeweils überschritten. Folglich liegen keine Defizite der Beweglichkeit vor.

Tab. 3: Testung des M. iliopsoas

Testübung	M. iliopsoas
Durchführung des Tests (nach Janda, 2000, S. 258)	Der Proband liegt in Rückenlage auf einer Liege, das Ende der Liege schließt mit dem Gesäß ab, sodass die Beine frei hängen. Ein Bein wird im Knie maximal flektiert und mit beiden Händen in Richtung Thorax gezogen. Der Testbereich ist die Lage des frei hängenden Oberschenkels zur Körperlängsachse, was gleichbedeutend mit der Hüftflexion ist. Wichtig: Eine Hyperlordose der Lendenwirbelsäule sollte vermieden und das Knie mit genügend Kraft angezogen werden, da sonst das Ergebnis verfälscht wird.

Bewertung durch Richtwerte	Stufe 0 = Oberschenkel erreicht horizontale Position, kein Defizit
	Stufe 1 = Durch leichten Druck des Testers erreicht der Oberschenkel die Horizontale, leichtes Defizit
	Stufe 2 = Selbst durch den Druck des Testers wird die Horizontale nicht erreicht, deutliches Defizit.
Ergebnis	Der Proband erreichte beidseitig die Stufe 1, der Oberschenkel konnte nur mithilfe des Testers die Horizontale Stellung erreichen. Das Defizit sollte durch Beweglichkeitstraining verbessert werden.

Tab. 4: Testung des M. rectus femoris

Testübung	M. rectus femoris
Durchführung des Tests (nach Janda, 2000, S. 258)	Der Proband liegt in Rückenlage auf einer Liege, das Ende der Liege schließt mit dem Gesäß ab, sodass die Beine frei hängen. Ein Bein wird im Knie maximal flektiert und mit beiden Händen in Richtung Thorax gezogen.
	Der Testbereich ist die Lage des frei hängenden Beins, genauer der Kniewinkel zwischen Unter- und Oberschenkel.
	Wichtig: Eine Hyperlordose der Lendenwirbelsäule sollte vermieden und das Knie mit genügend Kraft angezogen werden, da sonst das Ergebnis verfälscht wird.
Bewertung durch Richtwerte	Stufe 0 = Der Unterschenkel hängt senkrecht hinab, kein Defizit
	Stufe 1 = Die exakt senkrechte Position im Kniegelenk (90 Grad) wird nur durch leichten Druck des Testers erreicht, leichtes Defizit
	Stufe 2 = Die exakt senkrechte Position im Kniegelenk (90 Grad) wird auch nicht durch leichten Druck des Testers erreicht, deutliches Defizit
Ergebnis	Der Proband erreichte beidseitig die Stufe 0, es sind keine Defizite vorhanden, der Unterschenkel erreichte jeweils ohne zusätzlichen Druck die Zielposition.

Tab. 5: Testung des Mm. ischiocrurales

Testübung	Mm. ischiocrurales
Durchführung des Tests (nach Janda,	Der Proband liegt in Rückenlage auf einer Liege und stellt dabei das nicht zu testende Bein an, heißt dieses wird im Knie und der Hüfte flektiert. Der Tester greift das zu testende Bein mit einer Hand am

2000, S. 261)	Sprunggelenk und bringt dieses in die maximale Hüftflexion, während die andere Hand die Vollextension des Kniegelenks sicherstellt. Der Testbereich ist der Winkel zwischen dem gestreckten Bein und des liegenden Rumpfes. Wichtig: Es sollte eine Lageänderung des Beckens und der Wirbelsäule vermieden werden, da sonst das Ergebnis verfälscht wird.
Bewertung durch Richtwerte	Stufe 0 = Hüftflexion ist bis zur Senkrechten möglich (90 Grad), kein Defizit Stufe 1 = Hüftflexion erreicht 80 – 90 Grad, leichtes Defizit Stufe 2 = Hüftflexion bleibt unterhalb 80 Grad, deutliches Defizit
Ergebnis	Der Proband erreicht beidseitig die Stufe 1, der Winkel der Hüftflexion erreicht kaum mehr wie 80 Grad. Um das Becken zu entlasten und Rückenschmerzen oder Sportverletzungen vorzubeugen, sollte ein gezieltes Beweglichkeitstraining begonnen werden.

Tab. 6: Testung des Mm. triceps surae

Testübung	Mm. triceps surae
Durchführung des Tests (nach Janda, 2000, S. 255)	Der Proband liegt in Rückenlage auf einer Liege und stellt dabei das nicht zu testende Bein an, flektiert dieses also in Knie und Hüftgelenk. Das zu testende Bein wird voll gestreckt abgelegt, sodass der Unterschenkel zur Hälfte frei über die Liege herausragt. Der Tester greift das Bein mit einer Hand am Fersenbein, mit der anderen Hand greift dieser die Außenseite des Fußes. Dabei wird der Daumen in Zehenrichtung an die Außenseite der Fusssohle gelegt, was gleichzeitig den Druckpunkt für die Testung darstellt und der Fuß folgend in Richtung des Tibia gedrückt. Der Testbereich ist die Dorsalextension des Sprunggelenks. Wichtig: Um eine reflektorische Anspannung des Mm. triceps surae zu vermeiden, darf mit dem Daumen nicht in der Mitte der Fusssohle gedrückt werden. Somit würde die Testung verfälscht werden.
Bewertung durch Richtwerte	Stufe 0 = Dorsalextension ist bis 0 Grad möglich, kein Defizit Stufe 1 = Dorsalextension ist möglich, 0 Grad wird dabei jedoch nicht erreicht, leichtes Defizit Stufe 2 = Dorsalextension ist nur bis maximal 110 Grad unter =-Grad-Stellung möglich

Ergebnis	Der Proband erreicht beidseitig die Stufe 0, es sind keine Defizite vorhanden. Bei beiden Füßen ist eine Dorsalextension bis 0 Grad problemlos möglich.

3 Trainingsplanung Beweglichkeitstraining

Tab. 7: Belastungsgefüge des Beweglichkeitstrainings

Belastungsgefüge	
Trainingshäufigkeit pro Woche	2x wöchentlich
Sätze pro Übung	2 Sätze pro Übung
Dehndauer pro Satz	Statisches Dehnen: 45 Sekunden Dynamisches Dehnen: 45 Sekunden Aktives Dehnen: 45 Sekunden Passives Dehnen: 45 Sekunden Postisometrisches Dehnen: 60 Sekunden
Intensität	Es soll eine hohe Dehnspannung realisiert werden, empfohlen wird das Erreichen des Dehnschmerzes für optimale Effektivität

Tab. 8: Planung des Beweglichkeitstrainings

Zielmuskulatur	Dehnmethode		Durchführung
	Arbeits-weise	Dehn-form	
Wadenmuskulatur M. gastrocnemius (Zwillingswadenmus-kel) und M. soleus (Schollenmuskel)	Dyna-misch	Passiv	Ausgangsposition ist der hüftbreite Stand, dabei wird das anvisierte Bein einen kleinen Schritt gestreckt nach hinten abgestellt, die Ferse wird fest in den Boden gedrückt. Die Zehen beider Beine werden parallel zueinander nach vorne hin ausgerichtet. Das Knie des vorderen Beins wird flektiert, der Oberkörper wird aufgerichtet und dabei in der Hüfte nach vorne gebeugt. Der Oberkörper und das hinten angestellte

			Bein bilden dabei immer eine Linie. Gesteuert wird die Dehnung nun über die Flexion im vorderen Kniegelenk. Je stärker die Beugung im Knie, desto stärker wird die Dorsalextension im hinteren Sprunggelenk, da der Körperschwerpunkt nach vorne verlagert wird. Zur dynamischen Dehnung wird der Winkel im Knie langsam, sowie kontrolliert wippend vergrößert und verkleinert.
Oberschenkelvorderseite M. quadriceps femoris (vierköpfiger Oberschenkelmuskel)	Statisch	Passiv	Im hüftbreiten Stand wird ein Bein im Knie flektiert, mit der Hand der gleichen Seite wird das Bein am oberen Sprunggelenk gegriffen und Richtung Gesäß nach hinten oben gezogen. Dabei sollten beide Oberschenkel parallel zueinander ausgerichtet sein. Für einen stabilen Stand, sollte das Standbein im Knie leicht gebeugt sein. Durch das Aufrichten des Beckens und Zug der Ferse zum Gesäß hin, wird eine Dehnung der Zielmuskulatur erreicht, dabei sollten beide Beine im Wechsel gedehnt werden.
Adduktoren M. adductor longus M. adductor magnus M. adductor brevis (langer, großer und kurzer Anteil des Oberschenkelanziehers) M. gracilis (schlanker Muskel) M. pectineus (Kammmuskel)	Statisch	Aktiv	Es wird in der Sitzposition auf einer Matte gestartet, dabei wird der Rücken aufrecht gehalten, sodass die natürliche „Doppel-S" Krümmung der Wirbelsäule während der ganzen Übung stabil gehalten wird. Beide Hände werden direkt hinter dem Körper abgesetzt zur Unterstützung der Haltung. Beide Beine werden im Knie flektiert, die Oberschenkel außenrotiert und die Fusssohlen werden körpernah aneinandergelegt. Durch die aktive Kontraktion der Abduktoren werden nun die Knie in

			Richtung Boden gedrückt um eine Dehnung der antagonistischen Zielmuskulatur zu erzielen.
Oberschenkelrückseite M. biceps femoris (zweiköpfiger Oberschenkelmuskel) M. semitendinosus (Halbsehnenmuskel) M. semimembranosos (Plattsehnenmuskel)	Postisometrisch	Passiv	Start ist in der Rückenlage, ein Bein ist in der Hüfte und im Knie flektiert und wird angestellt. Das zu dehnende Bein wird gestreckt abgelegt, die Zehenspitzen werden nicht angezogen, das Knie bleibt während der gesamten Übung in voller Streckung. Eine zweite Person greift das Bein knapp oberhalb des Sprunggelenks und an der Oberschenkelvorderseite, knapp oberhalb des Knies. Nun flektiert der Helfer das Hüftgelenk durch nach oben Heben des Beines bis zur Schmerzgrenze. Diese Position wird 20 Sekunden gehalten, danach kontrahiert der Proband seine Zielmuskulatur isometrisch, während der Helfer das Bein in der Position hält. Nach 7 Sekunden wird die Kontraktion gelöst und das Bein wird für 3 Sekunden gelockert. Daraufhin wiederholt sich der Vorgang einmal, zusammen ergibt dies dann einen Satz.
Hüftbeugemuskulatur M. iliopsoas (Lendendarmbeinmuskel) M. rectus femoris (gerader Oberschenkelmuskel)	Statisch	Passiv	Start ist der Kniestand, dabei wird ein Bein nach vorne zusätzlich in der Hüfte gebeugt und ohne die Hüfte zu verdrehen vor den Körper aufgestellt. Das andere Bein wird nach hinten auf den Boden abgelegt, sowohl mit dem Fussrücken (Spann), dem Sprunggelenk und dem Unterschenkel. Das Hüftgelenk des abgelegten Beins sollte so weit extensiert sein, dass Oberkörper und Unterschenkel eine Gerade bilden oder das Hüftgelenk sogar leicht überstreckt ist. Zu beachten ist die lineare

			Ausrichtung der Beinachsen und das Becken sollte nicht verdreht werden. Der Oberkörper bleibt gerade. Die Dehnung wird nun durch Gewichtsverlagerung erzielt, indem das Becken nach vorne unten abgesenkt wird und das Hüftgelenkt geöffnet wird.
Rückenstrecker Mm. erector spinae (autochthone Rückenmuskulatur)	Dynamisch	Aktiv	Im stabilen Vierfüsslerstand wird durch Kontraktion der Bauchmuskulatur die Wirbelsäule aktiv nach oben zur Decke hin gedrückt („Katzenbuckel"). Diese Position wird langsam und kontrolliert im Wechsel eingenommen und wieder verlassen.
Oberarmrückseite M. triceps brachii (dreiköpfiger Oberarmmuskel)	Statisch	Passiv	Im stabilen hüftbreiten Stand führt ein Arm eine fast maximale Anteversion aus und wird danach im Ellenbogen maximal flektiert, sodass die Handfläche zwischen die Schulterblätter abgelegt werden kann. Die andere Hand greift nun den Ellenbogen über dem Kopf und zieht dieses mit mäßigem Druck schräg hinter den Kopf, ca. 45 Grad zur Frontalebene. Währenddessen bleibt der Blick nach vor gerichtet und eine Hyperlordose sollte vermieden werden.
Brustmuskulatur M. pectoralis major (großer Brustmuskel)	Dynamisch	Aktiv	Im hüftbreiten, stabilen Stand werden beide Arme abduziert, außenrotiert und die Ellenbogen bleiben gestreckt. Folglich ergibt sich optisch ein „T" bei Betrachtung des Körpers von hinten und die Handflächen zeigen nach oben. Unter tiefer Haltung der Schultern und stabiler Wirbelsäule werden nun die Arme aktiv nach hinten gezogen, sodass die Schulterblätter zusammengeschoben und der Thorax geöffnet wird.

			Dies findet in einem langesamen und kontrollierten Wechsel statt, sodass die Arme eine Pendelbewegung von vorn nach hinten ausführen.
Nackenmuskulatur M. trapezius pars descendens (oberer Kapuzenmuskel, absteigender Anteil)	Statisch	Aktiv	Gestartet wird im hüftbreiten, stabilen Stand. Der Proband kippt nun seinen Kopf lateral in Richtung Schultergelenk, ohne dabei eine Bewegung nach vorne oder hinten machen. Der nun kopfferne Arm wird zusammen mit der Schulter und dem Schulterblatt in Richtung Boden gezogen, sodass die Schulter sich vom Kopf distanziert und die Zielmuskulatur gedehnt wird.
Schulterblattfixatoren M. trapezius (Trapez-/Kapuzenmuskel) M. rhomboideus major M. rhomboideus minor (großer und kleiner Rautenmuskel)	Statisch	Aktiv	Gestartet wird im hüftbreiten, stabilen Stand, beide Arme führen eine Anteversion auf Schulterhöhe durch, bleiben im Ellenbogen jedoch gestreckt. Die Finger beider Hände werden ineinander fest verschlossen. Nun werden beide Arme nach vorne geschoben, sodass sich beide Schulterblätter voneinander entfernen. Dabei sollten die Schultern tief bleiben und der Kopf leicht nach vorn geneigt sein.

Begründung der Auswahl:

Bei der Betrachtung der Testergebnisse wurde festgestellt, dass der Proband im Bereich der rückseitigen Oberschenkelmuskulatur sowie der Hüftbeugemuskulatur leichte Beweglichkeitsdefizite hat. Alle anderen getesteten Muskeln wiesen keine Defizite auf. Der Schwerpunkt des Trainingsprogramms wurde daher auf hüftumgebende große Muskelgruppen gelegt, ergänzend dazu wurde die Schulter- und Nackenmuskulatur fokussiert. Ziel des Trainings ist eine Reduzierung der Nackenverspannungen um einerseits Schmerzfreiheit zu erlangen und andererseits seine berufliche Tätigkeit als Kfz-Mechatroniker langfristig uneingeschränkt fortführen zu können, sprich präventiv. Ein zweiter Gedanke führt auf sein langjähriges Hobby zurück, das Fussball spielen. Hierbei sind muskuläre Verletzungen an der Oberschenkelrückseite oder im Adduktorenbereich keine Seltenheit, was oft mit Bewegungseinschränkungen im Hüftbeugebe-

reich einhergeht. Durch das Dehnen dieser Bereiche soll eine ökonomische Bewe-
gungsausführung Energieersparnis und Verletzungsprophylaxe erreicht werden.

Grundsätzlich wurde ein Programm für einen Einsteiger zusammengestellt, um den
unerfahrenen Probanden nicht zu überfordern und mit zwei Einheiten wöchentlich der
zusätzliche Aufwand sich nicht demotivierend auswirkt.

4 Trainingsplanung Koordinationstraining

Tab. 9: Belastungsgefüge des Koordinationstrainings

Belastungsgefüge	
Trainingshäufigkeit pro Woche	2x wöchentlich
Sätze pro Übung	2 Sätze
Satzpause	40 Sekunden
Belastungsdauer	30 Sekunden statisch, 15 Wiederholungen dynamisch

Tab. 10: Planung des Koordinationstrainings

Übung	Durchführung
Linienstand mit geschlossenen Augen	Der Proband steht aufrecht und setzt nun einen Fuß direkt vor den anderen, sodass beide Füße eine Linie bilden und sich dabei die Ferse und die Zehenspitzen sich berühren. Nun werden beide Augen geschlossen und es wird versucht die Position, gerne mithilfe der Arme als Ausgleichspendel, zu halten.
Linienlauf mit geschlossenen Augen	Der Proband steht aufrecht da und schließt die Augen. Nun setzt er einen Fuß direkt vor den anderen, sodass beide Füße eine Linie bilden und sich dabei die Ferse und die Zehenspitzen sich berühren und wiederholt diesen Vorgang, sodass er sich nach vorne bewegt. Ziel ist eine gerade Linie zu laufen, die Arme dürfen als Ausgleichspendel benutzt werden.
Linienlauf mit geschlossenen Augen Rückwärts	Der Proband steht aufrecht da und schließt die Augen. Nun setzt er einen Fuß direkt hinter den anderen, sodass beide Füße eine Linie bilden und sich dabei die Ferse und die Zehenspitzen sich berühren und wiederholt diesen Vorgang,

	sodass er sich nach hinten bewegt. Ziel ist eine gerade Linie zu laufen, die Arme dürfen als Ausgleichspendel benutzt werden.
Standwaage	Ausgangsstellung ist der hüftbreite Stand. Nun wird der Oberkörper nach vorn gebeugt, ein Bein wird fast gestreckt angehoben und nach hinten oben gestreckt. Das Standbein darf im Kniegelenk leicht flektiert sein, die Arme dürfen abduziert werden und als Ausgleichspendel fungieren. Der Oberkörper und das angehobene Bein ergeben bestenfalls eine Linie, sodass in der Seitenansicht der Körper ein „T" darstellt. Danach Bein wechseln.
Airexkissen Einbeinstand	Der Proband stellt sich zunächst hüftbreit auf das Airexkissen. Nun hebt er ein Bein an und winkelt dieses im Hüft- und im Kniegelenk 90 Grad an. Er versucht mit leicht gebeugtem Standbein die Balance zu halten. Um leichter die Stabilität zu erreichen können die Arme als Gegenpendel benutzt werden. Danach Bein wechseln.
Airexkissen Einbeinstand mit taktilem Reiz	Der Proband stellt sich zunächst hüftbreit auf das Airexkissen. Nun hebt er ein Bein an und winkelt dieses im Hüft- und im Kniegelenk 90 Grad an. Er versucht mit leicht gebeugtem Standbein die Balance zu halten. Nun drückt ein Trainer an einer Körperstelle den Probanden weg (Bsp: Schulter) um ihn aus der Balance zu bringen. Sobald dieser sich wieder stabilisiert hat erfolgen weitere taktile Reize. Um leichter Stabilität zu erreichen können die Arme als Gegenpendel benutzt werden. Danach Bein wechseln.
Airexkissen Einbeinstand mit Sprung	Der Proband stellt sich zunächst hüftbreit vor das Airexkissen. Nun hebt er ein Bein an und winkelt dieses im Hüft- und im Kniegelenk 70 - 80 Grad an. Er versucht mit leicht gebeugtem Standbein die Balance zu halten, springt dann auf das Airexkissen und versucht dort stabil auf dem Standbein zu landen. Um schneller Stabilität zu erreichen können die Arme als Gegenpendel benutzt werden. Danach Bein wechseln.
Airexkissen Einbeinstand mit Tennisball zuwerfen	Der Proband stellt sich zunächst hüftbreit auf das Airexkissen. Nun hebt er ein Bein an und winkelt dieses im Hüft- und im Kniegelenk 90 Grad an. Er versucht mit leicht gebeugtem Standbein die Balance zu halten. Ein Trainer wirft nun aus 2 Meter Entfernung immer wieder einen Tennisball dem Pro-

	banden zu, dieser versucht den Ball zu fangen und zurückzuwerfen, ohne die Balance zu verlieren. Umso ungenauer der Ball im Bezug auf die Körpermitte geworfen wird, desto höher ist der Schwierigkeitsgrad. Danach Bein wechseln.
Airexkissen Einbeinstand mit Tennisball zuwerfen und Ansagen	Der Proband stellt sich zunächst hüftbreit auf das Airexkissen. Nun hebt er ein Bein an und winkelt dieses im Hüft- und im Kniegelenk 90 Grad an. Er versucht mit leicht gebeugtem Standbein die Balance zu halten. Ein Trainer wirft nun aus 3 Meter Entfernung immer wieder einen Tennisball dem Probanden zu, dieser versucht den Ball zu fangen und zurückzuwerfen, ohne die Balance zu verlieren. Erschwert wird diese Übungen durch die Ansage des Trainers, während der Ball beim Wurf die Hand verlässt, mit welcher Hand der Proband den Ball zu fangen hat. Umso ungenauer der Ball im Bezug auf die Körpermitte geworfen wird, desto höher ist der Schwierigkeitsgrad. Danach Bein wechseln.
Pistol Squat auf umgedrehtem BOSU	Der BOSU wird mit der runden, weichen Seite auf den Boden abgelegt, der Proband steigt mit einem Bein mittig auf die stabile Fläche und versucht mit leicht gebeugtem Standbein die Balance zu halten. Gerne kann eine Sprossenwand o. Ä. zur Hilfestellung zugezogen werden. Nun wird das freie Bein nach vorn ausgestreckt und es wird eine Kniebeuge im Standbein ausgeführt. Die tiefe der Kniebeuge ist vom Trainingsniveau des Probanden abhängig, ebenso kann optional von einem Trainer Hilfestellung oder Absicherung gegeben werden. Danach Bein wechseln.

Begründung der Übungsauswahl:

Koordinationsübungen wie Sprünge oder das Laufen durch die Koordinationsleiter gehören mittlerweile in jedes fortschrittliche Fussballtraining, jedoch mangelt im Amateurbereich schlicht an der Zeit und dem Wissen, um diesen wichtigen Faktor zielführend einzubinden. Der Proband hat durch seine langjährige Erfahrung im Fussball schon Erfahrung im angesprochenen Bereich gemacht, ist jedoch absolut kein Profi. Daher wurde ein gemischtes Training erstellt, zu Beginn liegt der Fokus auf einfachen Übungen, die dann bezüglich des Schwierigkeitsgrads stark erhöht wurden. Durch ein gezieltes Training auf wackeligen Untergründen, mit geschlossenen Augen und Sprüngen werden die propriozeptiven Fähigkeiten geschult und das Gleichgewichtsgefühl, sowie die Koordination verbessert. Stellt man die Verbindung zum Fussball her, entdeckt man

Parallelen: Der Sprung auf das Airexkissen mit einbeiniger Landung lässt sich mit der Landung nach einem Kopfballduell auf unebenem Geläuf vergleichen. Eine ähnliche Verbindung findet man bei dem taktilen Reiz im einbeinigen Stand auf dem Airexkissen – vergleichbar mit einem Körperkontakt vom Gegenspieler beim Kampf um den Ball.

„Neuere Studien belegen, dass die physiologischen Anpassungen in der neuromuskulären Ansteuerung hochgradig spezifisch sind und direkt von der Trainingsart bestimmt sind, für das sensomotorische Training konnte nicht nur eine veränderte koordinative Ansteuerung nach Training nachgewiesen werden; anhand großer Stichproben wurde auch eindeutig der verletzungsreduzierende Effekt dieser Trainingsform nachgewiesen." (Dr. Gollhofer, 2006, S. 266)

Wie Dr. Gollhofer schreibt, setzt der Trainingseffekt unmittelbar nach der Einheit schon ein, da unser zentrales Nervensystem sehr schnell dazulernt. Durch das Gleichgewichtstraining wird man auf unterschiedlichste Situationen im Beruf, im Alltag und im Sport vorbereitet und die verletzungsreduzierende Wirkung unterstreicht den präventiven Gedanken.

5 Literaturrecherche

Tab. 11: Studie 1 zum Effekt des Dehnens auf die Leistungsfähigkeit

Wer hat die Studie durchgeführt?	Arnold G. Nelson, Ivan K. Guillory, Andrew Cornwell & Joke Kokkonen.
In welchem Jahr wurde die Studie publiziert?	2001
Mit welchen Versuchspersonen wurde die Studie durchgeführt?	Es wurden 10 männliche und 5 weibliche Studenten des College ausgewählt. Das Durchschnittsalter betrug 24 Jahre. Keiner hatte jemals Kniebeschwerden.
Wie sah der Versuchsaufbau der Studie aus?	Gemessen wurde die maximale konzentrische Kraft der Knieextension auf einem Cybex-NORM-Isokinetikgerät aus der aufrecht sitzenden Haltung heraus. Es wurden zwei Tests im Abstand von 15 Minuten durchgeführt, beide Messungen wurden in jeweils fünf verschiedenen Bewegungsgeschwindigkeiten absolviert. Dazwischen wurden die Muskeln der Quadrizepsgruppe passiv, statisch gedehnt. Das Dehnprogramm wurde auf drei Übungen mit jeweils vier Sätzen á 30 Sekunden Belastung und 20 Sekunden Pause festgelegt.

Welche relevanten Ergebnisse und Schlussfolgerungen lieferten die Studie?	Die Kraftwerte vor dem Dehnen waren im Schnitt höher, wie die Werte nach dem Dehnen. Auffallend war die Abnahme der Kraft bei den beiden langsamsten Bewegungsgeschwindigkeiten (4,5 % und 7,2 % Verschlechterung) Bei Sportarten wie Skispringen oder Gewichtheben, wo im Bereich von einer Wiederholung gearbeitet wird, wirkt sich das statische Dehnen negativ auf die Leistung aus, daher ist vom Dehnen im Hinblick auf die Leistungsfähigkeit abzuraten.

Tab. 12: Studie 2 zum Effekt des Dehnens auf die Leistungsfähigkeit

Studie 2	Einfluss unterschiedlicher Dehntechniken auf die reaktive Leistungsfähigkeit.
Wer hat die Studie durchgeführt?	Björn Begert und Dr. Martin Hillebrecht an der Universität Oldenburg.
In welchem Jahr wurde die Studie publiziert?	2003
Mit welchen Versuchspersonen wurde die Studie durchgeführt?	35 Sportstudenten der Universität Oldenburg, davon 19 männliche und 16 weibliche Probanden im Durchschnittsalter von 25 Jahren, wurden in 3 Gruppen eingeteilt: Versuchsgruppe statische Dehnung -> 11 Studenten Versuchsgruppe dynamische Dehnung -> 12 Studenten Kontrollgruppe -> 12 Studenten
Wie sah der Versuchsaufbau der Studie aus?	Es wurden aus einer Höhe von 24 cm Drop-Jumps auf eine Kraftmessplatte durchgeführt und zwar jeweile drei Drop-Jumps vor, unmittelbar nach und 30 Minuten nach dem Dehnprogramm, welches aus sechs Übungen für die unteren Extremitäten bestand. Dabei waren die Übungen an sich für die statische und dynamische Dehnform identisch. Gemessen wurde die Bodenkontaktzeit nach der ersten Sprungphase und die Sprunghöhe der zweiten Flugphase mit angelegten Armen und aufrechtem Körper.
Welche relevanten Ergebnisse und Schlussfolgerungen	Statisches Dehnen führt zu einer Verschlechterung der reaktiven Leistungsfähigkeit, beim dynamischen Dehnen wurden keine signifikanten Beeinflussungen festgestellt. Beide Methoden be-

lieferten die Studie?	einflussen jedoch überdauernd die reaktive Leistungsfähigkeit. Folglich ist ein Dehnen, egal in welcher Form, nicht leistungsfördernd im Bereich der reaktiven Kraft, sogar eher kontraproduktiv.

6 Literaturverzeichnis

Dr.Gollhofer, A. (2006). Bewegungskontrolle und Verletzungsprophylaxe. *Deutsche Zeitschrift für Sportmedizin, 57*, 11-12.

Begert, B. & Dr.Hillebrecht, M. (2003). Einfluss unterschiedlicher Dehntechniken auf die reaktive Leistungsfähigkeit. Zugriff am 22.11.2018. Verfügbar unter http://spt0010a.sport.uni-oldenburg.de/PDF/ReaktivkraftundDehnen.pdf

Nelson, Arnold G., Guillory, Ivan K., Cronwell, A. & Kokkonen, J. (2001). Inhibition of Maximal Voluntary Isokinetic Torque Production Following Stretching Is Velocity-Specific. *Journal of Strengh and Conditioning Research, 15*(2), 241-246.

7 Abbildungs- und Tabellenverzeichnis

7.1 Tabellenverzeichnis